essentials

essentials liefern aktuelles Wissen in konzentrierter Form. Die Essenz dessen, worauf es als „State-of-the-Art" in der gegenwärtigen Fachdiskussion oder in der Praxis ankommt. *essentials* informieren schnell, unkompliziert und verständlich

- als Einführung in ein aktuelles Thema aus Ihrem Fachgebiet
- als Einstieg in ein für Sie noch unbekanntes Themenfeld
- als Einblick, um zum Thema mitreden zu können

Die Bücher in elektronischer und gedruckter Form bringen das Expertenwissen von Springer-Fachautoren kompakt zur Darstellung. Sie sind besonders für die Nutzung als eBook auf Tablet-PCs, eBook-Readern und Smartphones geeignet. *essentials*: Wissensbausteine aus den Wirtschafts, Sozial- und Geisteswissenschaften, aus Technik und Naturwissenschaften sowie aus Medizin, Psychologie und Gesundheitsberufen. Von renommierten Autoren aller Springer-Verlagsmarken.

Weitere Bände in der Reihe http://www.springer.com/series/13088

Stephan Schreyer

Podcasts in der Unternehmenskommunikation

Wie Sie mit strategischen Audioformaten Ihre Zielgruppen erreichen

Stephan Schreyer
Weinheim, Deutschland

ISSN 2197-6708   ISSN 2197-6716   (electronic)
essentials
ISBN 978-3-658-25703-3   ISBN 978-3-658-25704-0   (eBook)
https://doi.org/10.1007/978-3-658-25704-0

Die Deutsche Nationalbibliothek verzeichnet diese Publikation in der Deutschen Nationalbibliografie; detaillierte bibliografische Daten sind im Internet über http://dnb.d-nb.de abrufbar.

Springer Gabler ist ein Imprint der eingetragenen Gesellschaft Springer Fachmedien Wiesbaden GmbH und ist ein Teil von Springer Nature
Die Anschrift der Gesellschaft ist: Abraham-Lincoln-Str. 46, 65189 Wiesbaden, Germany

Was Sie in diesem *essential* finden können

- Wertvolle Fakten und Hintergründe, um den gegenwärtigen und zukünftigen Podcast/Audio Markt beurteilen und bewerten zu können.
- Pro und Kontra-Punkte, um einschätzen zu können, ob das Thema Podcast/Audio für Ihr Unternehmen Relevanz besitzt.
- Eine praktische Anleitung, wie Sie in fünf Schritten erfolgreich ein strategisches Konzept für Ihren Unternehmenspodcast erarbeiten.
- Praxisbeispiele und Hörtipps, die Ihnen Mehrwert liefern, um Theorie und Praxis verständlich und greifbar zu machen.

Vorwort

Von „A" wie Alexa über „P" wie Podcast bis „Z" wie Zuhören: Derzeit gibt es ordentlich was auf die Ohren. Wir erleben eine Renaissance des Hörens. Lange war Radio beziehungsweise Audio ein „Nebenbei-Kanal". Das ändert sich radikal. Medien und Unternehmen entdecken die Möglichkeit, Inhalte neu zu präsentieren – und zwar vertont. Smart Speaker und Podcasts befeuern diesen Trend.

Mehr als 80 % der Deutschen haben ein Smartphone und tragen damit das beliebteste Abspielgerät für Podcasts praktisch ständig bei sich. Dass Audio für die GAFA-Unternehmen (Google, Apple, Facebook und Amazon) ein äußerst relevantes Zukunftsthema ist, macht es zusätzlich attraktiv.

Erinnern Sie sich an Ihr erstes Handy oder Ihr erstes Mal mit „Siri"? Veränderungen beginnen langsam und wirken meist erst einmal befremdlich. Ähnlich ergeht es uns derzeit noch mit Sprachassistenten – heute noch ungewohnt, werden sie früher oder später zur Selbstverständlichkeit werden. Aktuelle Kinderkrankheiten der Systeme werden behoben sein und der Komfort siegt. Denn: Sprechen ist leichter und angenehmer als tippen.

Das Zusammenspiel aus einfacher Nutzung, Komfort und Zeitersparnis ist der Grund für den zukünftigen Erfolg von Audio und den damit verbundenen Technologien. Ihr Einsatz wird zur täglichen und selbstverständlichen Routine werden. Bereits heute ist erkennbar, dass deutlich mehr Hörbares konsumiert wird, sobald sich ein Smart Speaker im Haushalt befindet. Wir werden eine Entwicklung von „mobile first" zu „voice first" erleben – und zwar schneller als gedacht. Kommunikatoren tun demnach gut daran, Audio als Teil des Kommunikationsmixes intensiv im Blick zu haben.

Dieses *essential* soll Ihnen die wichtigsten Fakten zum Thema Audio/Podcast liefern, eine Entscheidungshilfe sein und Sie dabei unterstützen, eine Podcast-Strategie und ein Podcast-Konzept zu entwickeln. Insbesondere, wenn Sie sich grundlegend und zum ersten Mal damit befassen, einen Podcast in Ihre Kommunikationsstrategie zu integrieren. Dieses Buch richtet sich an Kommunikations- und Marketingmitarbeiter von Unternehmen, Agenturen, Behörden und Verbänden und alle Interessierte, die sich mit dem Thema „Podcast" im Rahmen der Digitalisierung und der strategischen Kommunikation befassen.

Digitale Tools, Plattformen, Anwendungen und Co. verändern sich rasend schnell. Manche verschwinden wieder, andere bleiben bestehen oder verändern ihr Geschäftsmodell. Aus diesem Grund kann dieses *essential* nur eine Momentaufnahme sein. Der Fokus liegt zudem auf dem strategischen Vorgehen. Operative Podcast-Details wie Hosting, Mikrofon, Schnitt oder ähnliches werden nur im Ansatz besprochen.

Aus Gründen der Lesbarkeit wird im Buch stets die männliche Form verwendet: Nutzer, Hörer etc.

Stephan Schreyer

Inhaltsverzeichnis

Über den Autor

Stephan Schreyer berät Unternehmen, Verbände und Kommunen zu strategischer Kommunikation. Dabei liegt sein Fokus besonders auf den Themen Digitalisierung, Audio und Messenger. Seine Expertise vermittelt er auch als Dozent und Autor. Stephan Schreyer entwickelte bereits mehrere eigene Audio- und Bewegtbildformate. In seinem Podcast „Freitagsspitzen" widmet er sich mit wechselnden Gesprächspartnern der Kommunikation und Digitalisierung. Den Medizinjournalisten Hademar Bankhofer brachte er mit „Bankhofer's 60 Sekunden Gesundheit" erfolgreich ins Radio und auf iTunes. Gemeinsam mit ZDF-Moderator Achim Winter konzipierte und realisierte er den Video-Talk fürs Web „Unterhaltung ungeschminkt". Vor seiner Selbstständigkeit frischte Stephan Schreyer mehrere Jahre die Unternehmenskommunikation bei einem Industrieverband auf und verantwortete den Bereich Media Relations & Public Affairs bei einem börsennotierten Finanzdienstleister. Er studierte Betriebswirtschaftslehre in Basel und Mainz und ist Absolvent des postgrad. Intensivstudiums „Kommunikation & Management" der Universität St. Gallen (HSG).

Podcast

1

Fast täglich geben Unternehmen, Prominente oder Parteiführer derzeit bekannt: „Wir machen jetzt auch einen Podcast". Der Audio-Hype ist verlockend und verleitet zur schnellen Umsetzung. Doch leider geschieht dies viel zu oft ohne ein strategisches Konzept. Das rächt sich früher oder später. Besonders in der Unternehmenskommunikation ist eine Implementierung von Audio/Podcasts in die Kommunikationsstrategie zwingend erforderlich. Nur so kann Audio/Podcast seine volle kommunikative Wirkung entfalten. Doch dazu später mehr in diesem *essential*.

Befassen wir uns zu Beginn kurz mit den grundlegenden Elementen rund um Audio/Podcast und seinen Besonderheiten.

▶ Podcasts sind das perfekte Nebenbeimedium in einer Wartesituation.

1.1 Was ist ein Podcast?

Die Beschreibungen „Podcasts sind Kino im Kopf" oder „Podcasts sind das Netflix für die Ohren" geben eindrucksvoll wider, was Podcasts leisten können. Im besten Fall erzeugen Sie aus Sprache Bilder im Kopf des Empfängers.

Der Begriff Podcast ist eigentlich ein Kunstwort. Er setzt sich zusammen aus der englischen Bezeichnung für Übertragung „Broadcast" und dem Begriff I-Pod, dem tragbaren MP3 Player von Apple, der maßgeblich zum Erfolg der Podcasts führte.

Es gibt jedoch noch eine weitere Definition des Begriffs Podcast. Sie spricht von der Abkürzung Pod „play on demand" und „cast", der Abkürzung für „Broadcast".

© Springer Fachmedien Wiesbaden GmbH, ein Teil von Springer Nature 2019   1
S. Schreyer, *Podcasts in der Unternehmenskommunikation*, essentials,
https://doi.org/10.1007/978-3-658-25704-0_1

Gemeinsam haben beide Kunstwörter, dass mit dem Begriff Podcast eine Serie von Audio oder Video Dateien bezeichnet wird, die man mit Hilfe eines RSS-Feeds über das Internet abonnieren kann. Dies ist möglich über Podcast-Plattformen wie z. B. iTunes oder SoundCloud.

Ob Audio- und Video-Dateien, die im Rahmen einer „Zweitverwertung" über die Mediatheken des öffentlich-rechtlichen Rundfunks angeboten werden auch als Podcast bezeichnet werden können, darüber streiten sich die Geister. Streng genommen dürfen als Podcast ausschließlich Audios und Videos bezeichnet werden, die explizit für die Distribution durch das Internet produziert wurden.

In dem vorliegenden *essential* konzentrieren wir uns auf Audio-Podcasts, auch wenn der Video-Podcast zumindest im folgenden Kapitel noch einmal kurz zur Sprache kommt.

1.2   Entwicklung des Podcasts

Die erste Welle der Podcasts beginnt in den Jahren 2005/2006. Neben Annik Rubens alias Larissa Vassilian mit ihrem damaligen Podcast „Schlaflos in München", gehört auch die Bundeskanzlerin Angela Merkel zu den „ersten Podcastern". Angela Merkel erklärt in einem wöchentlichen Video-Podcast die Arbeit der Bundesregierung. Sie ist damit die erste Regierungschefin weltweit, die auf Podcasts setzt.

Die Jahre zwischen 2008 und 2011 können als die „zweite Welle" bezeichnet werden. Vor allem die stetige Verbreitung von Smartphones und des mobilen Internets sorgen für rasches Wachstum. Günstiger werdende Flatrates für mobiles Datenvolumen tragen ihren Teil dazu bei. Podcasts sind an jedem Ort verfüg- und hörbar.

Seit 2016 konzentriert und professionalisiert sich der Podcast-Markt deutlich. Verstärkt betreten Unternehmen, Medienmarken und Prominente den „Hör-Markt" mit eigenen Podcast-Konzepten. Erfolgreiche Podcast-Reihen wie „Serial" aus den U.S.A. sorgen für den Durchbruch des Mediums.

Besonders beliebt sind Informationsformate mit unterhaltenden Elementen. Diese Formate geben den Hörern das Gefühl, dass sie die Zeit des Lauschens als sinnvoll erachten, dass sie während dessen etwas lernen können. Nach wie vor gehören Wissens-Podcast zu den favorisierten Formaten.

Was die Absender angeht, so ist bei Podcasts eine Parallele zu Youtube erkennbar. Sehr häufig sind die Personen hinter dem Mikrofon Treiber des Erfolgs. Ihre Prominenz ist oft ausschlaggebend für den Erfolg eines Formates und die Hörer- und Downloadzahlen. Inhalte zählen bei diesen Podcast meist erst im zweiten Schritt.

Eines haben viele erfolgreiche Podcast-Formate gemeinsam: Ihre Macher sind bereits bekannte Persönlichkeiten mit Medienerfahrung und verfügen über entsprechende Fans und Follower. Podcasts stellen in diesem Fall eine Verlängerung der Person bzw. Marke durch ein Audio-Angebot dar. Der hohe Anteil von professionellen Medienmachern im Podcast-Bereich hat somit mit zum Erfolg des Formates beigetragen.

Darüber hinaus darf nicht vergessen werden, dass ein weiterer Treiber des aktuellen Audio-Erfolgs die Datenerhebung ist. Podcasts schaffen durch digitale Audionutzung Möglichkeitenen, individuelle Nutzerdaten zu erfassen, die für die werbetreibende Industrie eine überaus attraktiv Währung sind.

1.3 Podcast-Formate

Die Variationsbreite der Podcasts ist endlos – es gibt nichts, was es nicht gibt. Der Vorteil am Podcast ist die damit verbundene Freiheit: Es gibt keinerlei Vorgaben oder Einschränkungen wie beim Radio oder Fernsehen.

Dennoch haben sich in den letzten Jahren einige Formate „etabliert", die im Folgenden erläutert werden und Anhaltspunkte für eine Klassifizierung erlauben. Unter den aufgeführten „Standardformaten" gibt es selbstverständlich auch Mischformen.

Öffentlich-rechtlicher-Podcast Zweitverwertung von bereits gesendetem Radio-Material. Es handelt sich sozusagen um eine erweiterte Mediathek des öffentlich-rechtlichen Rundfunks.
Beispiel: „Bayern 2 – Eins zu Eins. Der Talk".

Medien-Podcast Häufig von Medienunternehmen mit entsprechendem Qualitätsanspruch. Meinungsbildendes, Informierendes und Kommentierendes zur aktuellen Nachrichtenlage.
Beispiel: „Auf den Punkt", der Podcast der Süddeutschen Zeitung.

Talk-Podcast Das klassische journalistische Gesprächs-/Interview-Format.
Beispiel: „brand Eins – das Gespräch mit Jörg Thadeusz".

Themen-Podcast Monothematische Formate, bei denen jeweils ein Thema im Mittelpunkt steht (Sport, Bücher, Gesundheit etc.).
Bsp: „Besser als Sex" von Ines Anioli & Leila Lowfire.

People-Podcast Die Person des Erzählers oder Moderators steht im Mittelpunkt. Persönliche, private Geschichten aus seinem Leben sind die Inhalte.

Beispiel: „Buchingers Tagebuch".

Gesprächs-Podcast Zwei oder mehr Personen reden über alles und nichts. Kennzeichnend ist der Eindruck, dass sie improvisiert wirken. Das sind die Unterhaltungen jedoch in den seltensten Fällen.

Beispiel „Schulz und Böhmermann".

True-Crime-Podcast Eine Mischung aus investigativer Reportage und Hörspiel.

Beispiel: „Dunkle Heimat" von Antenne Bayern.

Fiction-Podcast Im Grunde ein „klassisches" Hörspiel.

Beispiel: „ARD Radio Tatort".

Corporate Podcast Podcast, die auf das Unternehmensimage einzahlen sollen. Sie können aus allen oben genannten Formaten entstehen.

Beispiel: „Die Zukunft ist elektrisch" von Audi.

▶ **Praxistipp** Gehen Sie auf Entdeckungsreise und hören Sie Podcasts! Je bunter die Mischung, desto besser. So bekommen Sie ein Gefühl für das Medium. Machen Sie sich Notizen, warum Ihnen manche Formate gefallen und andere nicht. Notieren Sie sich zudem was genau Ihnen gefällt oder nicht. Je konkreter Sie dabei werden desto besser. So schulen Sie sich direkt am Markt. Eine erste Übersicht mit Empfehlungen für hörenswerte Podcasts finden Sie am Ende des Buches.

1.4   Key-Facts und Kennzahlen zu Podcasts

Es gibt bereits diverse Untersuchungen und Studien zum Thema Podcast und dem Hör-Markt. Doch im Hinblick auf aussagekräfte und verlässliche Key Facts und Kennzahlen ist es entscheidend, wer diese Untersuchungen und Studien erhoben hat. Im Folgenden beschränken wir uns daher auf Ergebnisse von Studien-Auftraggebern, die sich nachweislich intensiv und mit einem klaren digitalen Audio-Fokus dem Thema Podcast gewidmet haben.

Besonders empfehlenswert aufgrund des Detaillierungsgrades ist die Studie „Spot on Podcast – Hörer und Nutzung in Deutschland 2017/18" der AS&S Radio (ARD-Werbung SALES & SERVICES GmbH 2018) Hinter dem Kürzel

verbirgt sich die ARD-Werbung SALES & SERVICES GmbH. Die AS&S ver-
marktet die Werbung im Radio- und Fernsehprogramm der ARD.

Im Folgenden finden Sie relevante Auszüge. Diese Studie belegt unter anderem:

- Rund 10 Mio. Menschen (15 %) in Deutschland hören mindestens einmal in der Woche einen Podcast.
- Podcast-Hörer sind eher jünger: 31 % sind zwischen 14 und 29 Jahre und 40 % zwischen 30 und 49 Jahre – älter als 50 Jahre sind rund 29 %.
- Podcast-Hörer gehören zur Premium-Zielgruppe: Sie sind besonders kauf-kräftig und verfügen über eine höhere Bildung.
- 73 % der Hörer nutzen das Smartphone zum Hören von Podcasts.
- Ein Drittel hört Podcasts unterwegs bzw. in Wartesituationen.
- Mehr als die Hälfte hört Podcasts konzentriert und frei von Ablenkung.
- Über 87 % der Hörer akzeptieren Werbung.
- Zu den beliebtesten Themen gehören u. a. Information, Wissen, Comedy, Unterhaltung.

Eine neuere, repräsentative Umfrage der Bitkom, des Bundesverband Informa-tionswirtschaft,Telekommunikation und neue Medien e. V., aus dem Sommer 2018 (Bitkom 2018a) liefert außerdem weitere aufschlussreiche Fakten:

- Jeder fünfte Bundesbürger (22 %) hört mittlerweile Podcasts.
- Die beliebteste Tageszeit um Podcasts zu hören, ist der Abend (52 %). 20 % der Hörer lauschen Audio-Inhalten morgens, 13 % mittags und 11 % nachts.
- Die beliebtesten Themen sind:
- Nachrichten und Politik (43 %)/Film und Fernsehen (41 %)/Comedy (34 %)/ Sport und Freizeit (30 %)/Musik (24 %)/Gesellschaft und Kultur (24 %)/Bil-dung (24 %)/Wissenschaft und Medizin (21 %)/19 % widmen sich Techno-logie (19 %)/Gesundheit (18 %).

Weitere hilfreiche Ergebnisse liefert eine Erhebung von Audible, der Hörbuch-tochter von Amazon, mit dem „Audible Hörkompass 2018" (Audible GmbH 2018a):

- Für 53 % sind Hörbücher, Hörspiele und Podcasts eine willkommene Option neben TV oder Computer.
- 51 % der unter 30-Jährigen wünschen sich, dass mehr Geschichten gezielt und exklusiv für Audio entwickelt werden.

- 37 % der Hörbuch-, Hörspiel- oder Podcast-Hörer nutzen Audioinhalte gezielt, um sich weiterzubilden. Bei der Personengruppe der unter 30-Jährigen trifft dies sogar auf 45 % zu.

Eine spannende, wenn auch etwas ältere Studie von eMarketer (2016) aus dem Jahr 2016 zeigt, wohin Podcasts sich entwickeln könnten.

- In den U.S.A. kaufen acht Prozent der Podcast-Hörer ein Produkt bzw. greifen auf eine bezahlte Dienstleistung zurück, nachdem sie die passende Audiowerbung in einem Podcast konsumiert haben.
- Die Studie zeigt weiter, dass nicht nur acht Prozent der Podcast-Hörer das beworbene Produkt oder die Dienstleistung kaufen, sondern auch 45 % der Podcast-Hörer nach der Sendung direkt die Webseite besuchen.

Selbst wenn diese Zahlen aus den USA nicht 1:1 auf Deutschland übertragbar sind, liefern sie doch interessante Details für zukünftige Entwicklungen.

Ergänzend sei hier noch erwähnt, dass Vorsicht geboten ist vor einem direkten Vergleich mit dem US-Podcast-Markt. Der Grund ist einfach: Der US-Hörer ist zum einen gewohnt für Inhalte zu bezahlen und zum anderem, dass Inhalte selbstverständlich mit Werbung versehen sind. Beides hat sich in Deutschland noch nicht etabliert. Darüber hinaus ist das Einzugsgebiet von deutschsprachigen Podcasts regional begrenzt – im Vergleich zur globalen Hörmöglichkeit von englischsprachigen Podcasts.

Alle vorgestellten Studien belegen deutlich:

Podcasts sind von hoher Relevanz auch für die Unternehmenskommunikation. Besonders bei jungen Zielgruppen unter 30 Jahren. Aus den vorgestellten Key Facts und Kennzahlen ergeben sich zudem wichtige Erkenntnisse im Hinblick auf Herausforderungen für die Unternehmenskommunikation. Diese betrachten wir in den folgenden Kapiteln genauer.

▶ **Praxistipp**

Lernen Sie den Podcast-Markt zu verstehen. Befassen Sie sich immer wieder mit Studien und Untersuchungen. So bekommen Sie ein Gefühl dafür, wie sich das Thema entwickelt, wo für Sie nützliche Hebel sind und wie Sie Ihr Potenzial in diesem Bereich am besten nutzen können.

Weitere informative Studien finden Sie im Anhang.

1.5 Prognose: Wie wird sich der Podcast-Markt weiterentwickeln?

Die Zukunft lässt sich (leider) nach wie vor nicht vorhersagen. Dennoch sind aufgrund der aktuellen Digitalisierung und den heutigen Trends klare Entwicklungen erkennbar: Wir erleben eine Renaissance des Hörens. Lange war Radio beziehungsweise Audio ein „Nebenbei-Kanal." Das ändert sich radikal. Smart Speaker und Podcasts befeuern diesen Trend. Die GAFA-Unternehmen (Google, Apple, Facebook und Amazon) haben Audio zum relevanten Zukunftsthema erklärt. 80 % der Deutschen nutzen regelmäßig ihr Smartphone und haben damit eines der beliebtesten Abspielgeräte für Podcasts stets dabei. Audio-Formate sind demnach höchst attraktiv für Medien wie Unternehmen. Sie stecken voller Möglichkeiten, Inhalte neu zu präsentieren – und zwar vertont.

Zumal mit den Digital Natives eine Generation von Usern heranwächst, für die Audio-Dienste und die Nutzung von Alexa, Podcasts und Co. im Alltag selbstverständlich sind. Erleichtert wird der Zugang zu Audio-Inhalten durch die neue Mobilfunkgeneration 5G und die Smart-Speaker. Dieser Markt entwickelt sich derzeit rasant.

Die Bedeutung von Podcasts wird weiter zunehmen, wenn sie demnächst direkt in die Google-Welt integriert sind. Mit dem Projekt „Shortwave" ist dies bereits angekündigt. Besitzer von Google Home können dann beispielsweise unterwegs angefangene Podcasts zu Hause fertig hören können – auf dem Smart Speaker im Wohnzimmer.

Mit Hilfe von Künstlicher Intelligenz sollen zusätzliche Funktionen wie automatisierte Transkription oder Vorschläge für weitere Podcasts („Das könnte Sie auch interessieren") möglich sein. Außerdem werden laut GoogleWatchBlog Podcasts zukünftig analysiert und erhalten mit Hilfe Künstlicher Intelligenz einen Vermerk über ihre Relevanz. Das Ziel ist eine Art Zusammenstellung, welche „nur die wichtigsten Inhalte enthält und vom Nutzer schnell konsumiert werden kann".

Den größten Coup könnte die Aufnahme von Podcasts in die Suchergebnisse bringen: Dann werden Podcasts und andere Audioinhalte gleichberechtigt neben Text, Bild und Video-Inhalten angezeigt.

Doch nicht nur Google und Co. sorgen für einen weiteren Aufschwung bei Podcasts. Auch die großen Plattformen wie Spotify, Audible und Co. werden den professionellen Podcast-Markt weiter mit Inhalten und Angeboten fluten. Dies trägt der Nachfrage der Nutzer Rechnung.

Rob Szymoniak, ein „Urgestein" des Podcast-Marktes in Deutschland, hat dieses Bedürfnis der Audio-Nachfrage treffend formuliert: „Ich denke, viele Leute wollen einfach wieder gute Geschichten hören! Was Radio größtenteils, vor allem im Mainstream, nicht mehr oder nur noch wenig anbietet, ist gut erzählter Inhalt mit Tiefgang".

▶   Die (zukünftige) Relevanz des Hörens lässt sich nicht leugnen.

Podcast in der Unternehmenskommunikation

2

Die „klassische" Unternehmenskommunikation hat sich in den vergangenen Jahren drastisch verändert. Waren die relevanten Stakeholder außerhalb der Unternehmen früher vor allem die Redakteure in Print, TV und Radio, so ist die Zahl der Stakeholder in den letzten Jahren geradezu explodiert. Stakeholder ist heute quasi jeder, der in irgendeiner Form kommunikativ mit dem Unternehmen verbunden ist – egal, ob Blogger, Youtuber, Podcaster, oder Instagramer. Eine schier unüberschaubare Zahl von digitalen Touchpoints tut ihr Übriges.

Aber nicht nur die Kanäle und Ansprechpartner wandeln sich, auch Themen sind zunehmend digitaler und disruptiver. Gerade wenn sich ganze Branchen neu erfinden müssen, um gegen Google und Co. auch weiterhin bestehen zu können.

Die Kommunikation ist daher deutlich digitaler, direkter und schneller geworden. Die Organisation von Kommunikation in Unternehmen reagiert und schafft bespielsweise durch Newsroom-Konzepte neue Möglichkeiten, um unterschiedlichste Zielgruppen von Generation Y bis hin zu den Silver Agern optimal zu erreichen.

Kommunikation im Jahr 2019 ist mehr als klassische Pressearbeit, auch wenn das noch immer nicht überall angekommen ist oder gerne verdrängt wird. Doch um zukünftig erfolgreich zu sein, braucht die Unternehmenskommunikation zwingend eine Content-Strategie, die auch Audio und Podcasts integriert.

Sie muss sich auf diesem Gebiet zu einem eigenen „Inhalte- und Medienlieferanten" entwickeln – gerade in Zeiten, in denen traditionelle Medien ihre Rolle als Gatekeeper einbüßen. Hochwertiger Audio-Content, der einen Mehrwert bietet, Nutzen stiftet und Reaktionen hervorruft, ist gefragter denn je. Als Unternehmen brauchen Sie Audio-Content um weiterhin eine hohe Reichweite zu generieren und relevant zu sein.

© Springer Fachmedien Wiesbaden GmbH, ein Teil von Springer Nature 2019
S. Schreyer, *Podcasts in der Unternehmenskommunikation*, essentials,
https://doi.org/10.1007/978-3-658-25704-0_2

▶ Audio wird ein fester Bestandteil der Unternehmenskommunikation werden müssen.

Welche Möglichkeiten das Thema Audio, insbesondere Podcasts, für die Unternehmenskommunikation bietet, erfahren Sie im zweiten Kapitel.

2.1 Wandel der Unternehmenskommunikation

Die Unternehmenskommunikation muss den neuen Gegebenheiten im Hinblick auf Stakeholder und Kanäle Rechnung tragen. Die traditionelle Pressemeldung, der Kontakt zum Printjournalisten, das übliche Vorgehen der letzten Jahre überholt sich. Unternehmenskommunikation muss sich wandeln: Von „earned media" hin zu „owned media".

Trotzdem klammern sich noch viele Unternehmen geradezu an die print-getriebene Pressearbeit, bei der F.A.Z, Süddeutsche, Handelsblatt, BILD, DIE ZEIT und Co. im Mittelpunkt stehen.

Doch „Owned Media", eigene Medien, sind das Stichwort der Zukunft. Dies ist ein Weg, die Digitalisierung für die Unternehmenskommunikation bestmöglich zu nutzen. Unternehmen müssen eigene Kanäle mit eigenem Content bespielen, anstatt ihre Kraft ausschließlich dafür zu verwenden, dass über sie berichtet wird. Die Zeiten, in denen Redaktionen das Monopol auf News und Distribution hatten, sind – völlig wertfrei betrachtet – vorbei. Kanäle wie Facebook, Instagram, Video und Audio laufen ihnen den Rang ab. Sie sind unverzichtbar und müssen zum Standardreportoire gehören. Die Suche nach neuen Formaten, die bestehende und neue Kunden erreichen, muss einen hohen Stellenwert einnehmen.

Durch den Strukturwandel verlangen Konsumenten wie selbstverständlich nach immer mobileren, unabhängigen und individuellen Formaten und Formen der Information und Kommunikation.

Kommunikation im Jahre 2019 muss zwingend digital ausgerichtet sein. Es ist unerlässlich, dass diese strategisch konzipiert und letztlich individuell ausgesteuert wird. So erzielt sie den maximalen Erfolg. Es zählt dabei der Grundsatz: „Welchen Mehrwert können wir unseren Stakeholdern bieten?".

Was Ihnen vielleicht selbtsverständlich erscheint, ist bei vielen Unternehmen noch „exotisch". Sei es durch mangelnden Änderungswillen, fehlende Ressourcen oder zeitgemäße Strukturen. Doch es gibt zukunftsweisende Beispiele die zeigen, wohin die Reise geht.

BMW, Red Bull oder der FC Bayern München gehören hier zu den Vorreitern. Diese Unternehmen stärken ihre Kommunikationsabteilungen und entwickeln sie zu „Publishern", teilweise zu eigenen „Medienhäusern". Diese neu ausgerichteten Kommunikationsabteilungen beherrschen die gesamte Klaviatur der (digitalen) Kommunikation. Sie entwickeln inhaltliche Angebote von A wie Audio bis Z wie Zeitung. Traditionelle Medien verlieren damit zunehmend an Bedeutung – im Extremfall werden sie nicht mehr benötigt.

2.2   Warum Podcasts in der Unternehmenskommunikation?

Podasts sind geradezu prädestiniert für die Unternehmenskommunikation. Sie verbinden die beiden Trends „Storytelling" und „Audio-Content" auf ideale Weise miteinander. Menschen lieben Geschichten und ziehen diese Faktenblättern vor.

Darüber hinaus verändert sich das Informationssuchverhalten und der Konsum von Informationen. Die Suche per Sprache wird selbstverständlich. Gesprochene Sprache ist bequemer als Texte tippen. Anstatt Suchergebnisse zu lesen, setzen immer mehr Menschen auf digitale Assistenten und Ergebnisse per Sprache. Darauf muss die Unternehmenskommunikation reagieren! Sie muss Inhalte zukünftig so gestalten, dass sie bei Alexa, dem Google Assistent, Siri & Co wahrgenommen und gefunden werden.

Podcasts können in allen Branchen und Unternehmen eingesetzt werden. Und sie eignen sich grundsätzlich für die Kommunikation mit sämtlichen relevanten Stakeholdern – internen wie externen. Sie können den Kommunikationsmix ideal ergänzen – wenn sie auf die Wünsche und Bedürfnisse der Stakeholder/ Zielgruppe einzahlen. Entscheidend ist daher zuallererst zu klären: Haben Sie etwas zu erzählen? Sind Ihre Inhalte „conversational"? Dann ist der Podcast ein geeigneter Kanal.

2.3   Was ist ein Corporate Podcast?

Unter Corporate Podcasts werden Podcasts verstanden, deren Absender Unternehmen oder Marken sind. Den größtmöglichen Erfolg erzielen sie dann, wenn sie eine strategische Ausrichtung haben und konzeptionell in die Kommunikations-/ Marketingstrategie integriert sind.

2.4   Pro & Contra für den Einsatz von Podcasts in der Unternehmenskommunikation

Es gibt gute Gründe für und gegen den Einsatz von Podcasts in der Unternehmenskommunikation.

Dieses Buch empfiehlt klar, das Thema Podcast in die Kommunikation einzubinden.

Dennoch ist es vor der Umsetzung hilfreich, sich mit dem Für und Wider auseinanderzusetzen. Das ist zum einen bei der Erarbeitung der eigenen Audio-Strategie hilfreich, zum anderen, um sich auf mögliche Widerstände bei den Traditionalisten Ihres Hauses einzustellen und entsprechend reagieren zu können.

▶   **Praxistipp** Fragen Sie sich zuallererst: Besitzen Sie die Informationen und das Know-how für die inhaltliche Themenbearbeitung für Audio? Die folgende Argumente können Ihnen beim Abwägen des Für und Wider helfen.

Gute Gründe für den Einsatz von Podcasts

- Audio und Sprache werden zukünftig einen größeren Stellenwert im Kommunikationsmix einnehmen. Integrieren Sie Podcasts bereits heute in Ihren Mix und sammeln Sie Erfahrungen.
- First Mover: Audio ist auf dem Vormarsch. Egal ob Podcast, Streaming oder Sprachassistenzsysteme. Besetzen Sie als Unternehmen diese noch jungen Trends und lernen Sie bzw. positionieren sich als „first mover". Transportieren Sie Ihre Marke in den Audio-Markt.
- Machen Sie sich unabhängig von den Algorithmen großer Social-Media-Kanäle und setzen Sie auf eigene Medien und Kanäle.
- Podcast-Hörer entscheiden sich aktiv für einen Podcast eines Unternehmens/einer Marke. Das bedeutet, sie treten freiwillig und meist aktiv in Kontakt mit Ihnen.
- Durch die Stimme des Sprechers und andere Audio-Elemente des Podcasts entsteht eine Nähe bzw. Verbundenheit zwischen Marke/Unternehmen und Hörer, die auf keinem anderen Kanal möglich wäre. Hieraus ergeben sich positive Folgen für Image und Sales.
- Hören ist bequemer als lesen – vor allem bei komplexen Sachverhalten.
- Audio-Dateien sind kleiner als Video-Dateien. Sie verbrauchen weniger Speicher- und Datenvolumen auf dem Smartphone, dem „Überall-Begleiter".
- Podcasts können per Download offline gehört werden.

Gründe gegen den Einsatz von Podcasts

- Im Vergleich zu anderen Kommunikationsmaßnahmen ist die Zielgruppe (noch) kleiner.
- Anders als bei Printmedien, können Podcasts nicht „quergelesen" werden.
- Hörer erwarten eine regelmäßige „Lieferung": ein Corporate Podcast verpflichtet.
- Ein Corporate Podcast muss strategisch betrieben werden, damit er erfolgreich wird.
- O-Töne können dupliziert, neu geschnitten und schlimmstenfalls missbraucht werden.

2.5   Erfolgskriterien für den Einsatz von Podcasts in der Unternehmenskommunikation

Grundvoraussetzungen für den erfolgreichen Einsatz von Podcasts sind eine Strategie und ein kluges, stimmiges Konzept. Essenziell ist außerdem, dass Ihr Podcast sinnvoll in die übrigen Kommunikationsaktivitäten eingebettet ist. Podcasts liefern dann einen Mehrwert und zahlen auf die Marke ein, wenn sie konsequent als ein Teil des Kommunikations-/Marketingmix verstanden werden.

Vor allem aber gilt: Ihre Themen und Inhalte werden darüber entscheiden, ob Sie Erfolg haben oder nicht. Ein technisch perfekt umgesetzter Podcast wird scheitern, wenn er inhaltlich keine Relevanz besitzt oder der Mehrwert für den Hörer fehlt.

Der Hörer mit seinen Bedürfnissen und Wünschen muss im Mittelpunkt stehen, nicht das Sendebedürfnis der Unternehmenskommunikation. Denken Sie sich in Ihre Zielgruppen hinein.

Machen Sie sich diese Punkte bewusst und stellen Sie schon heute die Weichen für Ihren erfolgreichen Podcast. Was das konkret bedeutet und wie Sie ein erfolgreiches Format konzipieren und realisieren erfahren Sie in Kap. 3.

In fünf Schritten zum erfolgreichen Podcast-Format

3

Sie fragen sich, wie Sie es schaffen, aus der Vielzahl an Format- und Themen-Möglichkeiten einen spannenden und relevanten Podcast zu kreieren, der die Hörer begeistert, Reaktionen auslöst und einen Mehrwert bietet?

Wenn Sie sich an den folgenden fünf Schritten orientieren, sind Sie auf dem besten Weg. Bevor wir uns den „fünf Schritten zum erfolgreichen Format" widmen, nochmals die entscheidende Prämisse vorweg:

Die Unternehmenskommunikation braucht eine Audio-Strategie, die auf einem digitalen Grundverständnis aufbauen muss. Es ist erforderlich, dass jede Kommunikationsabteilung ihre eigene Audio-Strategie entwickelt, die sinnvoll in die spezifische (Unternehmens-)Kommunikationsstrategie integriert wird. Daher gibt es für den perfekten Podcast auch keine allgemeingültige Blaupause.

Die folgenden fünf Schritte sind für eine erfolgreiche Podcast-Strategie entscheidend:

Fünf Schritte zum erfolgreichen Podcast-Format
1. Definieren Sie Ihr Ziel:
   - Was wollen Sie mit dem Podcast erreichen?
2. Thema & Format:
   - Was interessiert Ihre Stakeholder und liefert Ihnen einen Mehrwert?
3. Definieren Sie Ihre KPIs:
   - Ihre individuellen KPIs sind entscheidend.
4. Investieren Sie in PR/Werbung:
   - Ohne PR/Werbung kein Erfolg
5. Werten Sie aus und passen Sie an

© Springer Fachmedien Wiesbaden GmbH, ein Teil von Springer Nature 2019   15
S. Schreyer, *Podcasts in der Unternehmenskommunikation*, essentials,
https://doi.org/10.1007/978-3-658-25704-0_3

Ohne die Bearbeitung dieser konzeptionellen Schritte laufen Sie Gefahr, dass Ihr Podcast untergeht. Der Grund ist einfach: Das Risiko ist zu groß, dass sie essentiellen Fragestellungen und kommunikativen Herausforderungen aus dem Blick verlieren.

Zu diesen Fragestellungen und Herausforderungen gehören die Besonderheiten Ihres Unternehmens, die Eigenheiten Ihrer Branche und die Wünsche Ihrer Stakeholder. Ja, es ist Arbeit ein strategisches Konzept zu erstellen. Aber Sie wollen doch Erfolg haben, oder?

Investieren Sie in eine gründliche Analyse und ein Konzept. Es lohnt sich. Verlassen Sie sich nicht auf einen zufälligen Glückstreffer – landen Sie gezielte Treffer durch Strategie und Konzept.

▶　**Praxistipp** Wie bei jeder gründlichen Konzepterstellung gilt: Je mehr Sie wissen desto besser. Investieren Sie in Research. Binden Sie andere Abteilungen mit ein, z. B. bei einem interdisziplinären Projekt-Kick-Off. Das erhöht zum einen die interne Akzeptanz, zum anderen fördert es Austausch und Teamwork, Kreativität, Themenfindung und vieles mehr.

3.1　Definieren Sie Ihr Ziel

Was sehr einfach und selbstverständlich klingen mag, wird oft vergessen. Klären Sie zu Beginn die entscheidenden Fragen:

- Warum wollen Sie einen Podcast realisieren?
- Welches Ziel verfolgen Sie mit dem Podcast?
- Ist es ein B2B, B2C oder gar internes Ziel?
- Für welche Stakeholder ergibt sich eine Relevanz?
- Wer ist die Zielgruppe? Kunden und Geschäftspartner auf externer Seite können potenzielle Zielgruppen sein, ebenso wie die eigenen Mitarbeiter.

▶　Dem Hype zu folgen, um einfach dabei zu sein, genügt nicht.

Machen Sie sich Gedanken über Ihr Ziel. Geht es um Reichweite oder um Leads? Um Imagepflege oder um Zielgruppenerschließung? Die Liste der potenziellen Ziele und ihrer Kombinationsmöglichkeiten ist lang.

Fakt ist: Ziele sind höchst individuell. Wichtig ist: Ziele müssen realistisch, individuell und messbar sein. Eine beispielhafte Zielformulierung könnte lauten: „Bestehende Stakeholder binden und Interessierte für und gewinnen".

Achten Sie bei Ihrer Zielformulierung auf die Unterscheidung von Ziel und Maßnahme. Die Formulierung „Hintergrundinfos zur Verfügung stellen" oder „Mehrwert bieten" ist kein Ziel, sondern eine „Maßnahme", demnach das Mittel bzw. Format, mit dem Sie Ihr Ziel erreichen wollen.

Achten Sie auch auf die Genauigkeit der Formlierung. Werden Sie bei der Zielformulierung Ihres Podcasts so konkret wie möglich, damit Sie es später realistisch messen können. Eine denkbare Zieldefinition könnte z. B. lauten: „Die Anzahl der bereits bestehenden Website-Besucher um 1000 pro Kalendermonat zu erhöhen" oder „20 neue Medienkontakte innerhalb von 5 Monaten generieren".

Weitere Ziele für einen Unternehmenspodcast auf der Metaebene könnten sein (Auszug):

- Bekanntheit des Unternehmens und seiner Marken erhöhen.
- Imagebildung beeinflussen.
- Absatz steigern und Umsatz erhöhen.
- Neue Zielgruppen erschließen.
- Die Firma als attraktiven Arbeitgeber darstellen.
- Weiterbildung für die Mitarbeiter (HR und interne Kommunikation).
- Change-Kommunikation.

Wie realistisch Ihre Zielerreichung ist, ist eng mit den Ressourcen verknüpft, die Ihnen zur Verfügung stehen. Prüfen Sie Ihre Ziele dahingehend: Haben Sie neben Budget auch Manpower, Zeit und relevante Themen für regelmäßige Podcasts?

Erfolgreiche Podcasts werden nicht nebenbei oder von Praktikanten umgesetzt. Fragen Sie sich: Was können Sie alleine umsetzen, wobei brauchten Sie Hilfe? Machen Sie bereits im Rahmen der Zieldefinition den Realitätscheck. Auch wenn Restriktionen in der Zieldefinition zunächst keine Rolle spielen sollten – behalten Sie diese Punkte im Auge. Denn in den folgenden Schritten werden diese Informationen relevant und nützlich. Wenn Sie von Anfang an ihre Ressourcen kennen, fallen Sie bei der Formatentwicklung nicht in die „Wird-schon-gehen"-Falle oder können noch vor der Umsetzung entsprechende Mittel beantragen.

Gleichfalls stellen Sie sich bei der Zieldefinition die Frage:

- Wie leitet sich dieses Ziel von Ihrer Kommunikations-Unternehmensstrategie ab?
- Kennen Sie dieses und liegt Ihnen die Strategie umfassend vor?

Eine Kommunikationsstrategie dient immer dazu, kommunikativ zur Erreichung der Unternehmensziele beizutragen. Fragen Sie sich also, welchen Part der Podcast beitragen kann.

Sie möchten diesen Punkt lieber überspringen und loslegen? Sich diese Überlegungen aus Zeitgründen sparen? Dann stellen Sie sich Folgendes vor: Sie starten ins Blaue und bringen den 6327. Talk-Podcast an den Start. Weil das so viel Spaß macht und auch bei Ihnen und Ihren Bekannten gut ankommt. Lassen Sie mich deutlich darauf hinweisen: Geld verbrennen lässt sich leichter! Nur wenn Sie am Anfang sauber und konzeptionell arbeiten, hat ein Podcast die Möglichkeit, die volle kommunikative Wirkung zu entfalten. Und es wäre bedauerlich, wenn es nach einem Jahr „Drauflosarbeiten" heißen würde: „Podcast haben wir probiert, bringt aber nichts".

▶   **Praxistipp** Machen Sie sich im ersten Schritt darüber Gedanken, welches konkrete, individuell messbare Ziel Sie erreichen möchten. Zusätzlich stecken Sie realistisch Ihre Ressourcen (Zeit, Geld, Themen) ab. Schreiben Sie diese Punkte nieder.

3.2   Ihr Podcast: Thema und Format

Herzlichen Glückwunsch! Sie haben Ihr realistisches Podcast-Ziel definiert, dieses aus der Unternehmens-/Kommunikationsstrategie abgeleitet und Ihre Ressourcen dabei im Blick. Jetzt geht es darum, das passende Thema und das passende Format zu finden.

Die Frage lautet nun: Mit welchem Thema und Format schaffen Sie es, Ihr vorher definiertes Ziel zu erreichen? Mit Thema ist hier der Inhalt gemeint, wohingegen Format die Art der Darstellung (Talk, Wissen etc.) beschreibt.

Die folgenden Stichworte helfen Ihnen, Themen auf die wichtigsten Punkte hin zu prüfen. Diese sind:

- Relevanz
- Reichweitenpotential
- On-Air Persönlichkeit
- Originalität
- Serientauglichkeit
- die Qualität der Produktion.

Bei Themen- und Formatentscheidung geht es darum, die Weichen für die zukünftige Ausrichtung des Podcasts zu stellen. An dieser Stelle entwickeln Sie das Hörkonzept. Arbeiten Sie daher sorgfältig, die investierte Zeit wird sich auszahlen.

Das Thema

Fangen wir mit der Suche nach einem geeigneten Thema an. Sie wissen bereits, dass dieses auf ein definiertes Ziel einzahlen muss und die dabei vorhandenen Ressourcen berücksichtigt. Darüber hinaus muss es einen Mehrwert bieten und von Ihrem Unternehmen glaubhaft besetzt werden.

Erfolgreiche Themen werden aus einer Schnittmenge generiert. Und zwar aus der Schnittmenge von „Interessen der Zielgruppe und Stakeholder" und dem im „Unternehmen vorhandenen Wissen".

Bei der Suche nach einem Thema verwenden Sie für die „Interessen der Zielgruppe und Stakeholder" den klassischen Ansatz zur Themenfindung aus dem Content-Marketing: Stellen Sie die Zielgruppe in den Fokus. Das bedeutet auch, dass Sie sich perspektivisch auf eine Content-Strategie festelegen, die sicherstellt, dass sie einen regelmäßigen Fluss an möglichen Themen generieren können.

Zielgruppen-Perspektive

Nehmen Sie die Perspektive Ihrer Zielgruppe ein. So erfahren Sie, welche Interessen Ihre Zielgrupnne und Stakeholder haben. Hilfreiche Fragen bei dieser Perspektiv sind die folgenden:

- Welche Bedürfnisse haben Ihre Stakeholder?
- Was erwarten sie von Ihrem Unternehmen?
- Welche Medien nutzen sie?
- Sind sie für einen Podcast zugänglich?
- An welchen Themen sind sie interessiert?
- Welche Probleme wollen sie gelöst haben?
- Warum sind sie Kunde bei Ihnen?

Diese Liste lässt sich unendlich fortführen. Generell gilt: Je mehr Sie über Ihre Zielgruppe/Stakeholder und ihre Wünsche, Bedürfnisse, Fragen etc. wissen desto besser. Fragen Sie Ihre Stakeholder stichpunktartig, was sie sich von Ihnen wünschen oder was sie von Ihnen erwarten, wenn Sie die Möglichkeit dazu haben.

Überlegen Sie sich zudem, welche Schlüsselbegriffe sich aus den Bedürfnissen und Wünschen ableiten lassen. Diese kommen in einem späteren Schritt zum Einsatz.

▶ **Praxistipp** Visualisieren Sie Ihre Ergebnisse, am besten per Mindmap. Das sorgt für Übersichtlichkeit. Zum Beispiel mit www.mindmeister.com. Sprechen Sie auch mit Kolleginnen und Kollegen aus der Marketing- und Sales-Abteilung. Häufig erhalten Sie dort erste Ansatzpunkte zu den genannten Punkten.

Recherche

Wie Sie die „Interessen der Zielgruppe/Stakeholder" herausfinden, haben Sie soeben erfahren. Nun geht es darum, wie Sie an das im „Unternehmen vorhandene Wissen" gelangen.

Goldene Regel:

▶ Zapfen Sie alle internen und externen Informationsquellen an, die es zu Ihrem Haus gibt!

Fachabteilungen, Social-Media-Kanäle, Fachpresse, Benchmarking, Events und Suchergebnisse sind hier die wichtigen Stichworte.

Sie müssen Ihr Unternehmen, Ihre Produkte, Dienstleistungen und Services im Detail kennen. Welchen Content gibt es bereits? Überlegen Sie, wie Sie diesen weiterentwickeln können, damit er einen Mehrwert bietet.

Sammeln Sie überall dort Informationen, wo es direkten Kundenkontakt gibt. Fragen Sie im Kundencenter nach und im Sales-Bereich. Was sind wiederkehrende Probleme? Wie lassen sich diese lösen? Auch F.A.Q.s aus Ihrem Haus sind hilfreiche Informationsquellen.

Monitoren Sie Ihr Unternehmen und Ihre Produkte in den Social-Media-Kanälen. Was und wie wird über Sie gesprochen? Welche Themen laufen besonders gut? Gibt es Ansatzpunkte für Ihr Unternehmen und Ihre Themen? Fragen Sie sich auch, womit sich die für Sie relevanten Fachmedien beschäftigen. Besorgen Sie sich Redaktionspläne und prüfen Sie mögliche Ansätze. Es müssen nicht nur Fachmedien sein – oft können auch andere Medien Impulse für ein Thema liefern. Hinweise zu den Redaktionsplänen finden Sie meist auf den Seiten, die sich an Anzeigenkunden richten.

Betreiben Sie Benchmarking! Was macht die Konkurrenz? Gibt es dort Ansatzpunkte? Aber Achtung: Das ist kein Aufruf zum blinden Kopieren, davor sollten Sie sich hüten. Es geht vielmehr um Analysen: Was läuft beim Wettbewerber offensichtlich gut, was sagen Likes, Retweet und Kommentare dort aus? Gibt es Anknüpfungspunkte, Stellen an denen Sie einen Mehrwert liefern können? Beispielsweise in dem Sie das Thema vertiefen? Dann tun Sie das. Doch übernehmen Sie nichts, das nicht zu Ihnen passt oder nicht auf Ihr Ziel einzahlt – nur, weil es auf den ersten Blick verlockend erscheinen mag.

Auch Events sind hilfreiche Themenquellen. Welche Branchenevents gibt es und welche Themen werden dort behandelt?

Bringen Sie außerdem die wichtigsten Keywords in Erfahrung, die mit ihrem Unternehmen, Ihren Produkten und Services in Verbindung stehen und für die Suchmaschinenoptimierung eine Rolle spielen. Nutzen Sie diese Informationen, um Themenideen zu finden. Mögliche Tools sind beispielsweise: Google Analytics, BuzzSumo, Google Trends, nuzzel, Keyword Planer von Google, Google Suggest, Customer Journey Tool von Google, Google Correlate.

Sie erhalten durch diese Tools wertvolle Informationen – was gesucht wird und welche möglichen Zusammenhänge es gibt. Hier lassen sich häufig gute Ideen generieren.

Beachten Sie beim Einsatz dieser Tools: Die Keyword-Suche und ähnliche Programme liefern Ihnen lediglich Ansätze und Impulse für mögliche Themen. Sie zeigen Ihnen auf, wie und was „draußen" gesucht wird. Visualisieren Sie die gewonnenen Daten und Informationen und spinnen Sie daraus Ihre Themen.

Alle genannten Methoden sind nicht abschließend und vollumfänglich. Doch Sie helfen bei der Orientierung und helfen Ihnen Muster bzw. Aufsatzpunkte zu erkennen.

▶ **Praxistipp** Sammeln Sie, kombinieren Sie und werten Sie aus! Je mehr Informationen Sie haben, desto besser. So finden Sie Ansätze, Ideen und Inhalte. Dieses Vorgehen reduziert Komplexität und liefert wertvolle Impulse für Ihr individuelles Format.

Ideenprüfung

Sie haben durch Ihre Recherche gute Ideen gewonnen und ein Thema gefunden, das Sie sich vorstellen könnten. Spiegeln Sie jetzt die Perspektiven intern versus extern. Prüfen Sie, ob potenzielle Ideen für ein Thema auch bei Ihren Stakeholdern Relevanz besitzen. Dann stellen Sie sich die Frage, welchen Mehrwert Sie dem Hörer damit bieten können. Versetzen Sie sich in die Lage eines Hörers. Warum soll Ihrem Thema jemand seine Zeit widmen?

Der Hörer, egal ob B2B, B2C oder intern seine Bedürfnisse stehen im Mittelpunkt. Hilft der Kern Ihres Themas dabei? Achten Sie darauf, dass Sie aus Ihrem Thema keine Eigenwerbesendung wird.

Darüber hinaus ist wichtig zu prüfen, ob das Thema genug Stoff für eine regelmäßige, längerfristige Veröffentlichung bietet. Idealerweise ist das der Fall. Wenn nicht, können Sie entweder einen anderen Ansatz verfolgen oder Sie beschränken sich in der Anzahl der Podcastfolgen und entwickeln ihn als endliche Serie. So hat es beispielsweise der Automobilhersteller Audi mit seinem Podcast „Die Zukunft ist elektrisch" gemacht. Dieser ist nur auf sechs Episoden beschränkt. Diese „Endlichkeit" wurde so auch von Anfang an kommuniziert.

Wichtig ist, dass sich Ihr Corporate Podcast auf ein Themengebiet fokussiert.

▶   **Praxistipp** Wie lautet die thematische Leitfrage Ihres Podcastes? Sie ist Ihr roter Faden. Wenn Sie ihn gefunden haben, erstellen Sie einen Redaktionsplan. Das kann eine einfache Excel-Tabelle sein. Hilfreiche Vorlagen finden Sie im Netz. Der Redaktionsplan unterstützt Sie dabei, Ihr Thema bzw. Ihr Themengebiet zu strukturieren. Und: Sie behalten den Überblick.

Holen Sie auch immer wieder Feedback bei der Themenentwicklung ein. Im Idealfall von „Fachfremden". Am besten arbeiten Sie im Team an einer Themenidee, heterogene Gruppe erzeugen bei der Ideenfindung sehr gute Ergebnisse. Unterschiedliche Infos, verschiedene Sichtweisen und Diskussionen regen an.

Und die Königsdisziplin zum Schluss: Können Sie Ihr Podcast-Thema in einem „Elevator Pitch" erklären? Die Kürze hilft, sich zu fokussieren.

Rechtliches

Rechtssicherheit ist in allen Stadien eines Podcast-Projektes von großer Relevanz. Der in diesem *essential* zur Verfügung stehende Rahmen reicht nicht aus, um diese komplexe Materie abschließend zu betrachten. Medienrecht und Urheberrecht sind umfassende und weitrechende juristische Felder.

Wichtig ist jedoch der Hinweis, dass Sie sich gründlich mit den Themen Urheberrecht am Podcast, Nutzungsbedingungen von Plattformen, Urheberrecht im Allgemeinen und weiteren Rechtsgebieten befassen müssen. Insbesondere, wenn Sie einen Unternehmenspodcast produzieren möchten. Es ist gut investierte Zeit und Geld, diese Themen von einem Fachanwalt für Medien- und IT-Recht abschließend klären zu lassen. Klassische Fallstricke sind beispielsweise der Einsatz von Musik, Gewinnspielen, Werbung und Verträge mit Sprechern. Sichern Sie sich und Ihren Podcast diesbezüglich ab.

3.3 Das Format

Das Thema oder Ihr Themengebiet haben Sie gefunden und sich darauf festgelegt. Gratulation!

Jetzt geht es darum, in welcher Form Sie dieses transportieren. Das bedeutet: Welches Format wählen Sie?

Im Format legen Sie fest, wie Ihr Thema präsentiert werden soll. Es gibt unzählige Möglichkeiten: Vom Talk über eine Wissenssendung bis zum Hörspiel (siehe Abschn. 1.3). Ihr Format kann informativ, unterhaltsam, witzig oder eine Kombination aus allem sein. Es gibt keinerlei Einschränkung! Entscheidend ist, dass es zu Ihrem Thema passt und den Mehrwert für Ihre Zielgruppe bestmöglich transportiert.

Haben Sie sich für ein Format entschieden, müssen Sie zudem prüfen, ob Sie genügend Finanzkraft haben, um beispielsweise ein Jahr durchzuhalten. Diesen Zeitraum sollten Sie sich geben, um Ihre Ziele zu erreichen.

Bei der Festlegung des Formates werden Sie intensiv mit Fragen rund um Budget und Ressourcen konfrontiert. Sie müssen sich realistisch damit auseinandersetzen, wie viel Zeit und Geld Sie investieren können und wollen. Jetzt zahlt es sich aus, wenn Sie sich darüber bei der Zielformulierung bereits erste Gedanken gemacht und diese fixiert haben.

Die Produktion eines Talks kostet unter Umständen weniger als ein Hörspiel. Die inhaltliche Vorbereitung für eine Wissenssendung ist umfangreicher als für einen Kommentar. Eine noch so gute Idee für ein Format kann an Budget- und Ressourcengrenzen scheitern. Ist Ihr definiertes Budget ausreichend für Ihre Formatidee oder befassen Sie sich jetzt mit dem Thema Finanzen? Je mehr Informationen Sie zur Kostenstruktur der Umsetzung haben, desto realistischer und detailgenauer können Sie planen und kalkulieren.

An dieser Stelle im Prozess müssen Sie sich außerdem Gedanken über das Thema „Corporate Audio" machen. Im besten Fall verfügen Sie bereits über ein „Corporate Audio Design", dann können Sie dies als Basis nutzen. Wenn nicht, sollten Sie sich darüber Gedanken machen, wie Ihr Unternehmen für die jeweiligen Stakeholder und Zielgruppen klingen soll. Für den Podcast bedeutet das: Wer spricht? Eine weibliche oder männliche Stimme? Jung oder alt? Schnell oder langsam? Welche Musik wird verwendet? Wie klingen Intro/Outro, Trenner und etwaige Musikbetten? Wie ist die Anrede?

Diese Fragestellungen sind essenziell. Versetzen Sie sich beispielsweise in die Lage einer Bank, wenn diese z. B. einen Podcast rund um das Thema Vermögensanlage für Ruheständler an den Start bringt. Was wirkt seriöser? Eine junge, flippige Stimme mit elektronischer Musik oder gediegene Musik und eine sonorige Stimme?

Weitere Beispiele finden Sie im OMR-Podcast Folge #126 (OMR #126 2018) In dieser Folge spricht Phillip Westermeyer mit dem Deutschland-Chef von Amazons Hörbuchtochter Audible. Nils Rauterberg, Audible-Chef Deutschland, erwähnt darin z. B., das bei Audible vor einer Produktion sogar die Stimmen der Sprecher daraufhin getestet werden, wie sie im Markt ankommen.

Sie müssen nicht zwingend in diese Detailtiefe eintauchen. Doch die Arbeit lohnt sich. Die vielschichtige Betrachtung an dieser Stelle soll Ihnen aufzeigen, dass ein erfolgreicher Podcast intensive Vorarbeit benötigt. Wenn Sie sich für einen Podcast entscheiden, der ein bestimmtes Ziel erreichen soll und entsprechende Ressourcen verbraucht, dann tun Sie gut daran, sich bestmöglich aufzustellen und sich professionell einzuarbeiten.

Abschließend dürfen Sie bei der Formatwahl und der dazugehörigen Auswahl von Musik, Sprecher, Intro, Outro und sonstigen Audioelementen nie das Thema „Recht" aus den Augen verlieren, wie bereits erwähnt.

▶ **Praxistipp**
Verschriftlichen Sie Ihre Themenidee und Format am besten wie folgt:

- Nutzen Sie das Prinzip des „Elevator Pitch". Beschreiben Sie ihre Idee in max. 3 Sätzen. Die Kürze zwingt Sie, sich zu fokussieren.
- Schreiben Sie eine Kurzbeschreibung in max. 250 Wörtern. Das ist der begleitende Text zu einem Podcast. Testen Sie diesen Text, interessiert er? Macht er neugierig?
- Wer ist die Zielgruppe, wer soll ihren Podcast hören und warum? Nutzen Sie auch hier max. 150 Wörter, um sich zu fokussieren.
- Wie hoch sind die Ressourcen, die zur Umsetzung benötigt werden?

Widmen wir uns nun also ganz konkret der konzeptionellen Struktur für ein Format.

Die Struktur: Vertrauen schaffen

Sie haben Ihr Thema und Ihr Format festgelegt. Nun geht es um die Struktur. Konzipieren Sie eine sich wiederholende grobe Struktur innerhalb Ihres Podcasts. Ist jede Folge gleich strukturiert und konzipiert, schafft das Vertrauen und

Wiedererkennung für den Hörer. Sie kennen das bestimmt vom Radio. Nachrichten sind immer gleich strukturiert: Zuerst sind die Meldungen aus aller Welt zu hören, dann folgen jene aus Deutschland und schließlich die regionalen Themen.

Legen Sie bei der Formatentscheidung daher fest, wie Ihre Podcast-Struktur aussieht. Klären Sie grundsätzlich:

- Wie sieht das Intro aus?
- Welche Musik wird verwendet?
- Welcher Sprecher kommt zum Einsatz?
- Wie lang soll der Podcast sein?
- In welcher Frequenz soll er erscheinen?

Diese Fragen dienen Ihnen als Gerüst für Ihren Podcast und erleichtern seine regelmäßige Erstellung. Mit der Festlegung der Struktur schaffen Sie auf diese Weise nicht nur Vertrauen, sondern Sie vereinfachen auch das zukünftige „Podcasten".

Achten Sie bei der Strukturfestlegung im Intro zum Beispiel darauf, den Namen des Moderators und die Folgennummer zu nennen. Klären Sie zu Beginn, wer sich hinter dem Podcast verbirgt. In den U.S.A. ist es sehr beliebt, bereits nach dem Intro eine kleine Zusammenfassung zu geben. Das schafft klare Erwartungshaltungen, macht den Hörer neugierig, leitet ihn und hält ihn im Podcast. Die ersten fünf Minuten des Podcasts sind entscheidend. Hier entscheidet sich, ob der Hörer dranbleibt. Entsprechend müssen sie spannend, informativ und unterhaltsam sein.

Im Hauptteil vermitteln Sie die Informationen entlang Ihrer thematischen Leitfrage. Auch hier kann es sinnvoll sein, durch Abweichungen den Hörfluss zu strukturieren. Ebenfalls aus den U.S.A. kommt die Machart, nach zwei bis drei Minuten den Hörer immer wieder „aufhorchen zu lassen", damit dieser dranbleibt. Eine akustische Hörführung mit Kapitelmarken kann zusätzlich für ein besseres Hörverständnis sorgen. Das ist jedoch Geschmackssache.

Am Ende kommt das Outro. Hier können Sie Ihren Hörern letztmalig Informationen mit auf den Weg geben. Nutzen Sie diese Möglichkeit unbedingt. Am besten bauen Sie einen Call-to-Action ein. Fordern Sie die Hörer zur Handlung auf! Diese ist essenziell und fördert die Kommunikation mit der Zielgruppe. Erwähnen Sie Ihre Social-Media-Kanäle, nennen Sie Kontaktmöglichkeiten und Ihre Website für weiterführende Informationen in den Shownotes. Diese bezeichnen die Notizen zum Podcast und seinen Inhalten. Fordern Sie die Hörer auf, Ihnen E-Mails oder Sprachnachrichten zu schicken. Sie können diese in der nächsten Folge nutzen und so einen „Dialog" anstoßen. Beachten Sie bei der Nennung von E-Mail-Adressen, dass diese leicht zu merken sind und Sie diese mehrmals wiederholen müssen.

Vorsicht ist geboten bei Wettbewerben und Gewinnspielen: Prüfen Sie vorher zwingend mithilfe Ihres Juristen das Kleingedruckte des Hosters. Manchmal erlauben die AGBs keine Gewinnspiele und Co oder sie unterliegen gewissen Restriktionen.

Texte und Sprecher: Hören erlebbar machen

Der Podcast sollte Informationen vermitteln, die es auf keinem anderen Kanal des Unternehmens gibt oder dem Hörer Unterhaltung bieten. Achten Sie auf den feinen Spagat zwischen Hörerbindung und der reinen Vermittlung von Fakten.

Gleichfalls sollten Sie immer im Hinterkopf haben, dass der Podcast typischerweise ein Nebenbeimedium ist. Er muss inhaltlich so konzipiert und umgesetzt sein, das er ohne Probleme nebenbei konsumiert werden kann und nicht mehr als maximal drei Botschaften enthält. Aktuelle Themen sind interessant, müssen aber so aufbereitet werden, dass der Podcast auch später noch gehört werden kann. Denken Sie an den berühmten „roten Faden". Nutzen Sie Formate des „Storytelling" und erzählen Sie eine Geschichte.

Bedenken Sie unbedingt: Beim Hören fehlt der visuelle Reiz. Hörer brauchen also eine klare Orientierung durch den Sprecher. Texte fürs Hören unterliegen speziellen Anforderungen, damit die Informationen vom Gehirn aufgenommen und verarbeitet werden können.

Wichtig sind bei gesprochenen Texten folgende Faustregeln: Es sollte nie klingen, als würde abgelesen. Die Sprache sollte einfach und leicht verständlich sein. Achten Sie auf die klassischen Regeln des „guten Schreibens". Arbeiten Sie mit kurzen Sätzen, nutzen Sie den einfachen Satzbau, vermeiden Sie Fremdwörter und Füllwörter. Ebenfalls nützlich können an dieser Stelle Audio-Redakteure sein. Diese wissen, wie man Themen für die Ohren aufbereitet und arrangieren muss.

Beim Sprecher haben Sie die Qual der Wahl. Wollen Sie einen Profi oder einen Mitarbeiter? Beides ist möglich.

Wenn Sie sich für einen externen, professionellen Sprecher für Ihren Podcast entscheiden, nutzen Sie die Chance und besprechen Sie gemeinsam mit ihm Ihre Texte. Binden Sie den Sprecher auch in die Themenbesprechung ein – so erhalten Sie wertvolle Impulse, ob ein Thema sprachlich umsetzbar ist und erzielen eine höhere Identifikation seinerseits in Ihrem Podcast. Sind Sie sich unsicher beim

Texten, fragen Sie ihn – er kann Ihnen helfen, fürs Hören zu schreiben. Beachten Sie, dass Sie diese Gespräche rechtzeitig vor einer Produktion führen. Denn Änderungen unmittelbar davor führen zu Stress und Fehlern. Darüber hinaus kosten sie wertvolle Zeit und wertvolles Geld.

Achten Sie bei der Wahl der Sprecher darauf, dass bekannte Stimmen aus der Werbung oder Synchronstimmen eingeschränkt zu empfehlen sind. Zu schnell entstehen beim Hörer Assoziationen zu anderen Themen oder Marken. Sie wollen sicher als Unternehmen wahrgenommen werden und nicht als die Stimme von George Clooney oder Saturns TechNick. Außerdem sollte der Inhalt Ihres Podcasts erfolgsentscheidend sein und nicht die Stimme. Dennoch trägt diese natürlich grundsätzlich zum Gelingen des Podcasts bei.

Neben der Wahl eines professionellen Sprechers ist es natürlich auch möglich, eine Person aus Ihrem Unternehmen zu wählen, beispielsweise einen Mitarbeiter. Der Vorteil ist bei dieser Option, dass damit eine höhere Transparenz und Glaubwürdigkeit für das Unternehmen erzeugt werden kann. Nachteile treten auf, wenn der Mitarbeiter das Unternehmen verlässt oder nicht mehr als Sprecher aktiv werden möchte. Sie müssen abwägen und für sich entscheiden, welche Variante zu Ihrem Podcast passt. Wichtig ist an dieser Stelle auch: Sollten Sie sich für einen Mitarbeiter entscheiden, prüfen Sie die arbeitsrechtlichen Auswirkungen sehr genau. Der Sprecher könnte juristisch gesehen Miturheber sein.

Für die Produktion eines Corporate Podcast empfiehlt es sich zudem, in einem professionellen Tonstudio zu produzieren. Es sei denn, Sie haben die finanziellen Mittel, sich das entsprechende Equipment anzuschaffen und das Know-how, dieses bedienen zu können. Es gibt außerdem Podcast-Agenturen, die darauf spezialisiert sind, Sie rundum zu betreuen.

Zusammenfassend: Seien Sie authentisch und sorgen Sie für Vertrauen zwischen sich und den Zuhörern. Kommunizieren Sie offen, dass es sich um einen Firmen-Podcast handelt. Halten Sie die Balance zwischen engem Struktur-Korsett und Freiheit. Brechen Sie bewusst aus der Struktur aus, wenn es Besonderheiten gibt. Dann werden diese auch als solche wahrgenommen.

Podcast-Dosierung: Dauer & Frequenz

Die ideale Länge eines Podcast-Formats entspricht in etwa 15–20 min. Das entspricht ungefähr der einfachen, durchschnittlichen Pendelstrecke zum Arbeitsplatz. Darüber hinaus gibt es jedoch keine zu beachtende „Norm". Von 15, 20 min bis hin zum ein- bis zweistündigen Podcasts ist alles denkbar und daher auch auf dem Podcast-Markt zu finden. Der Hörer entscheidet, welche Inhalte er als relevant erachtet und wie viel Zeit er diesen schenkt. Hörer integrieren Podcasts in ihren Alltag und sind meist Gewohnheitstiere.

Publizieren Sie daher regelmäßig und verlässlich. Am besten immer zur selben Zeit am gleichen Tag. So binden Sie Ihre Zielgruppe. Wenn über einen längeren Zeitraum keine neuen Folgen Ihres Podcasts erscheinen, laufen Sie Gefahr, dass Ihnen die Hörer abspringen.

▶   **Praxistipp** Beginnen Sie mit kürzeren Folgen. Sobald Sie Sicherheit in der Produktion erlangt haben, dehnen Sie die Länge aus. Zusätzlich könnten Sie die Hörer auch mit einem Call-to-Action fragen, welche Länge sie präferieren. Es geht schließlich um ihr (meist knappes) Zeitbudget. Gönnen Sie sich mindestens ein Jahr oder zwölf Folgen um zu lernen und zu verstehen, wie Podcasts funktionieren.

Cover & Titel

Mitentscheidend für den Erfolg Ihres Podcasts ist ein gutes Cover. Denn das Cover ist der erste Kontaktpunkt, der auf Ihren Podcast aufmerksam macht und der bei Suchen zu sehen ist. Er sollte demnach einen optischen Reiz bieten und Lust auf mehr machen. Gleiches gilt für den Titel.

Stellen Sie sich vor, Sie sind in einer Buchhandlung. Cover und Titel müssen ansprechend sein. Auch beim Podcast ist beides entscheidend. Die Kombination muss anregen, neugierig machen und zum Klick führen. Sorgen Sie außerdem dafür, dass der beschreibende Text des Podcasts SEO-optimiert ist.

Praxistipps fürs einen erfolgreichen Start

Auch wenn sich dieses Buch mit dem strategischen Ansatz der Podcast-Etablierung befasst, erhalten Sie an dieser Stelle kurz und knapp die wichtigsten Tipps zum Hosting und Einstellen Ihres Podcasts.

Sie sollten Ihren Podcast möglichst breit platzieren. Er sollte in den gängigen Verzeichnissen zu finden sein, Sprachassistenten sollten auf ihn zugreifen können und im besten Fall erstellen Sie eine eigene Webseite für Ihren Podcast oder binden ihn in Ihrer Webseite ein. Last, but not least macht es auch für Hörformate Sinn, diese auf Youtube einzustellen. Auf diese Punkte gehen wir nun etwas genauer ein.

Gehen Sie zunächst die gängigen Podcast-Verzeichnisse und Apps durch und tragen Sie ihren Podcast dort ein. Machen Sie sich vorab unbedingt mit den

Voraussetzungen der einzelnen Plattformen vertraut. Denn die Bestimmungen zur Platzierung der Podcasts und Tarife variieren stark.

Zu den wichtigsten Verzeichnissen zählt nach wie vor Apple iTunes. Doch damit Ihr Podcast auch bei Smartphones mit Android Betriebssystem gehört werden kann, sollte er unbedingt auch bei Google Podcasts gelistet sein. Wichtig bei Google Podcasts: Lesen Sie die Guidelines, darin ist geregelt welche Kriterien bereits vor einer Aufnahme erfüllt sein müssen. Hier gibt es konkrete Vorgaben beispielsweise bezüglich Website und RSS-Feed.

Grundsätzlich sollten Sie neben Apple iTunes und Google Podcasts auch weitere Plattformen bedienen. Darüber hinaus ist die Platzierung bei „Tuneln" empfehlenswert. Das Spannende an diesem Dienst ist seine Kooperation mit großen Autokonzernen. Dadurch kann auch via Auto auf die dort registrierten Podcasts zugegriffen werden.

Wichtig ist ebenfalls, dass Ihr Podcast bei diversen Audio-Anbietern im Programm läuft. Viele Hoster wie zum Beispiel Podigee bieten an, Podcasts auch bei Anbietern wie Spotify und Stitcher auszuspielen. Das ist abhängig vom jeweils gewählten Tarif.

Nutzen Sie unbedingt die Chance, Ihren Podcast auch via Sprachassistent hörbar zu machen. Sie brauchen dafür keine eigenen sogenannten „Skills" entwickeln. Anbieter wie „Olelo" aus Deutschland haben beispielsweise unterschiedliche Alexa-Skills für Podcaster im Portfolio. Je nach gewähltem Tarif sind diese mit oder ohne Werbung zu erhalten.

Unerlässlich ist auch die Integration Ihres Podcasts auf ihrer Unternehmenswebseite. Im besten Fall entwickeln Sie eine eigene Podcast-Webseite. Bauen Sie eine eigene Webpräsenz rund um Ihren Podcast. Sie kann durchaus klein und fein ohne viele Features sein. Doch das bietet den Vorteil, dass Sie Traffic auf die eigenen Domains ziehen können und somit bessere und verlässliche Möglichkeiten der Auswertung haben.

Publizieren Sie den Podcast darüber hinaus auf Youtube. Ja, Sie haben richtig gehört! Auch Audio-Formate machen bei Youtube Sinn. Die Plattform gehört zum Alltag vieler Menschen wenn es um Musik, Video und Co. geht. Zudem ist Youtube mittlerweile eine der größten Suchmaschinen der Welt. Diverse Apps wie beispielsweise „Auphonic" helfen Ihnen dabei, die Audiospur mit passenden Bildern zu verknüpfen.

▶ **Praxistipp** Publizieren Sie gleich zum Start auf möglichst vielen Plattformen eine gute Handvoll Folgen. Das schafft Aufmerksamkeit und Sie können die Zuhörer gleich mit zwei bis fünf Folgen bedienen. Nutzen Sie alle Möglichkeiten die Sie haben, um auf den Podcast hinzuweisen!

3.4   Definieren Sie Ihre KPIs

Thema und Format sind im Kasten, Ihr Podcast ist im Netz verfügbar. Jetzt stellt sich die Frage, wie Sie Ihren Erfolg messen und die Entwicklung des Podcasts prüfen können – kurz, wie sich Ihr Podcast bewerten lässt.

Hierbei helfen individuelle Kennzahlen. Auch an dieser Stelle gilt: Es gibt keine Kennzahlen, die für jeden Podcast pauschal angewandt werden können. Diese sind immer abhängig von Ihrem individuellen Ziel. Sie alleine wissen, welches Ziel Sie mit einem Podcast verfolgen und können definieren, mit welchen Kennzahlen sie dieses messen wollen.

Natürlich gibt es in der Welt der Podcasts ein paar allgemeingültige Kennzahlen, die eine erste Grundaussage treffen können. Das sind vor allen Dingen:

- die Anzahl der Abonnenten
- die Höhe der Downloads
- die Bewertungen in den Podcast-Verzeichnissen
- die Verweildauer und „Listening Through Rate".

Doch diese Werte sind mit Vorsicht zu genießen, wie auch Podcast-Charts. Die iTunes-Charts standen beispielsweise in der Vergangenheit bereits in der Kritik, weil man sich „einkaufen" konnte. Außerdem ist die Aussagekraft der reinen Anzahl von Downloads oder Abos nicht ausreichend. Der häufigste Fehler bei der Auswertung von Unternehmenspodcasts ist der Irrglaube, dass diese Zahlen Erfolg oder Misserfolg sinnvoll belegen. Das sind rein quantitative Werte, die keine zuverlässige, umfassende Bewertung erlauben. Beide Zahlen treffen keine Aussage darüber, ob eine Interaktion auf Basis des Podcasts stattgefunden hat. Ein Download zeigt lediglich, dass eine Podcast-Folge heruntergeladen wurde – nicht, ob sie auch gehört wurde.

Sie brauchen grundsätzlich bei jeder Interpretation von Daten eine zweite Ebene. Hierfür müssen Sie Kennzahlen zusammenstellen, mit denen Sie Ihr individuelles Ziel messen können. Sie brauchen zusätzlich zu den oben genannten Standardkennzahlen individuelle Kennzahlen für Ihre individuellen Ziele.

Lassen Sie auch die Finger von oberflächlichen Vergleichen. Was die Konkurrenz tut und wie viele Downloadzahlen Sie erreichen, mag Anhaltspunkte geben – aber lassen Sie sich nicht verführen, diese Zahl als Vergleichswert heranzuziehen oder sich daran zu messen. Sie wissen im Zweifel nicht, wie das individuelle Ziel auf der anderen Seite lautet.

Weitere Kennzahlen finden Sie bei den Podcast-Plattformen. Je nachdem, bei welchem Anbieter und Tarif Sie Ihren Podcast hosten, haben Sie Zugriff auf verschiedene Daten bzw. Analysetools. Diese helfen bei Kennzahlendefinition und der Bewertung Ihres Podcast. Doch auch diese Standardtools decken häufig nicht alles ab, was für Sie nötig ist. Ergänzen Sie diese sinnvoll: Hilfreich ist beispielsweise die Buchung eines Anbieters wie „Podtrac", der gegen Bezahlung weitere Standarddaten erhebt.

Doch im Idealfall können Sie möglichst viele Kennzahlen aus eigener Kraft erheben – in Ihrem Unternehmen. Das spart Ressourcen und macht Sie frei von externen Dienstleistern. Überlegen Sie gemeinsam mit den Kollegen aus den Partnerabteilungen, welche Kennzahlen aus den jeweiligen Bereichen geeignet sind und eine Verknüpfung zum Podcast erlauben. Dazu gehört unter anderem das Online-Marketing, der Kundenservice oder der Vertrieb.

Wollen Sie zum Beispiel mit einen Podcast mehr Sales generieren, wäre die Verwendung von Promo-Codes im Podcast und die Conversion Rate ein möglicher Erfolgsindikator. Ist Ihr Ziel neue Kontakte zu generieren, dann könnten Newsletter-Anmeldungen eine mögliche Kennzahl sein.

Die Variationsbreite ist hier so groß, wie bei der Zieldefinition. Prüfen Sie, was für Ihr Ziel sinnvoll ist und wählen Sie mit Bedacht die entsprechenden Kennzahlen aus. Kombinieren Sie diese und schaffen Sie sich so Ihr eigenes „Kennzahlen-Dashboard".

▶ **Praxistipp** Der Bundesverband Digitale Wirtschaft (BVDW) e. V. hat ein kostenloses KPI-Framework und ein ebenso kostenloses Tool veröffentlicht. Mit beiden kann man zügig typische KPIs für sein Content-Marketing-Projekt entwickeln. Mehr Infos unter https://kpi-finder.com/.

3.5 PR und Werbung

Ihr Podcast ist perfekt aufgegleist, Sie haben die ersten drei Schritte erfolgreich getan. Jetzt ist es an der Zeit, Ihren Podcast bekannt zu machen.

▶ Auch der beste Podcast muss gehört werden, damit er erfolgreich ist! Daher sind die PR-/Werbe-Maßnahmen essenziell für den Erfolg!

Sie brauchen neben der Themen- und Formatstrategie auch eine Reichweitenstrategie. Denken Sie auch hier wieder vom Ziel und den Zielgruppen her. Wo finden Sie Menschen, die Ihren Podcast hören und damit interagieren wollen und sollen? Wo und wie würden Sie nach einem solchen Podcast suchen? Sorgen Sie dafür, dass Sie gefunden und nicht gesucht werden! Neben den bereits erwähnten Plattformen und der eigenen Webseite gibt es viele weitere Kontaktpunkte die Sie nutzen können, um auf Ihren Podcast hinzuweisen.

Dazu gehören Ihre hauseigenen Medien ebenso, wie Ihre Website, Social-Media-Kanäle, neue Distributionsmöglichkeiten wie Messenger, die klassische Pressearbeit, Anzeigenschaltung und SEO-Optimierung.

Allen voran stehen die Medien Ihres Unternehmens. Egal ob Newsletter, Social-Media-Kanäle, Telefonansage, E-Mail-Signatur, Kundenmagazine, Printprodukte, Flyer: Überall dort, wo Sie präsent sind und Ihre Zielgruppen ansprechen, sollten Sie auf Ihren Podcast hinweisen. Nutzen Sie jede dieser Chancen zur Promotion.

Veröffentlichen Sie den Podcast zudem prominent auf der eigenen Webseite, dadurch werden Besucher Ihrer Website sofort auf den Podcast aufmerksam.

Generell sollten Sie dafür sorgen, dass man Ihren Podcast auf Facebook, Twitter, Instagram und Co liken, teilen und kommentieren kann. Sorgen Sie dafür, dass Google Sie findet, z. B. über einen SEO-optimierten Begleittext des Podcasts.

Nutzen Sie auch Messenger-Kommunikation wie WhatsApp. Der am weitesten verbreitete Messengerdienst in Deutschland ist bei Jung und Alt gleichermaßen beliebt. Näher dran am Kunden sind Sie auf keinem anderen Kanal. Warum ihn also nicht für den Podcast nutzen oder ihn dafür öffnen?

Spielen Sie auch die gesamte Klaviatur der Pressearbeit. Sorgen Sie dafür, dass externen Medien Ihre Podcasts aufgreifen. Greifen Sie hierfür auch auf die klassische Pressearbeit zurück, damit die entsprechenden (Fach-)Medien über Ihren Podcast sprechen und er zum Thema auf Events wird.

Schalten Sie auch Anzeigen, machen Sie Werbung. Gezielt und für jedes Budget ist dies auf den Social-Media-Kanälen möglich.

Sie merken schon, die Möglichkeiten sind schier unbegrenzt, um auf Ihren Podcast aufmerksam zu machen. Ein sehr schönes Beispiel, um auf den Podcast aufmerksam zu machen und Hörer an sich zu binden ist der Podcast „Lass uns über Klassik reden". Auf der dazugehörigen Website des Podcasts findet man Videos, Bilder und Co. rund um die Produktion und ist so „hautnah dabei".

3.6   Auswerten und anpassen

Um Ihr Audio-Angebot kontinuierlich zu verbessern und nachhaltig zum Erfolg zu führen, sollten Sie regelmäßig und standardisiert die Kennzahlen Ihres Podcasts überprüfen. Hinterfragen Sie Ihre Arbeit immer wieder und prüfen Sie, wo mehr Potenzial ausgeschöpft werden kann oder es Verbesserungsmöglichkeiten gibt.

Ihre Kennzahlen helfen dabei, haben Sie diese stets im Blick. Checken Sie diese regelmäßig und betrachten Sie Ihr Kennzahlen-Dashboard: Gibt es Veränderungen, Entwicklungen? Werten Sie die Kennzahlen aus, lernen Sie anhand der Ergebnisse und passen Sie Ihren Podcast an, wenn es nötig wird. Sie könnten zum Beispiel Themen ausbauen, die gut funktionieren, die Dauer anpassen, Veränderungen in den Werbe- und PR-Maßnahmen vornehmen oder sich von Themen die weniger gut funktionieren verabschieden. Halten Sie nicht an Themen fest, die zwar im Redaktionsplan stehen, aber keine Wirkung zeigen. Nichts ist statisch. Regelmäßigkeit bei der Kennzahlenkontrolle sorgt dafür, dass Sie im Bedarfsfall zeitnah eingreifen können.

> **Praxistipp** Die Praxis hat gezeigt, dass es einfacher ist die Kennzahlen-Checks mit festen Terminen in den Kalender einzutragen. So behalten Sie den Überblick.

Am besten versteht man Podcasts durchs Hören. Wenn Sie sich intensiv mit den bestehenden Audio-Angeboten beschäftigen, bekommen Sie ein Gefühl dafür, wie das Thema „tickt", erhalten Impulse, Ideen und machen sich mit dem Markt vertraut. Doch wo anfangen und wo aufhören?

Hier finden Sie eine Übersicht mit einer unverbindlichen Auswahl von hörenswerten, ganz unterschiedlichen (Corporate) Podcasts. Viel Spaß beim Hören!

- „inside.pod" und „mindsnack" beide von Axel Springer.
  Der „inside pod" Podcast dreht sich um den Kultur- und Wertewandel bei Axel Springer und die Aspekte des „neuen Arbeitens".
  „Mindsnack" ist ein Lernpodcast mit Experten des Weiterbildungsprogramms von Axel Springer.
- Der OMR Podcast von Philipp Westermeyer.
  Ein Podcast rund um Digitalisierung, Marketing und was sonst noch los ist.
- „Ganz schön krank, Leute"
  Ein Podcast der Krankenkasse DAK Gesundheit zu Gesundheitsthemen.
- „Das Morning Briefing" von Gabor Steingart
  Jeden Morgen informiert Gabor Steingart über das Weltgeschehen – mit Scharfsinn und Sprachwitz.
- „Die Zukunft ist elektrisch" von Audi Deutschland
  Ein auf sechs Folgen begrenzter Podcast rund um Elektromobilität.
- „9 Zürcher, 9 Chreis" von der Neuen Zürcher Zeitung
  Ein auf neun Folgen begrenzter Podcast der Neuen Zürcher Zeitung im Vorfeld der Zürich Wahl.
- „The Daily" von der New York Times
  20 min am Tag, 5 Tage die Woche berichtet die Times über das aktuelle Weltgeschehen.

© Springer Fachmedien Wiesbaden GmbH, ein Teil von Springer Nature 2019   35
S. Schreyer, *Podcasts in der Unternehmenskommunikation*, essentials,
https://doi.org/10.1007/978-3-658-25704-0_4

- „Lass uns über Klassik reden" von der Deutschen Grammophon
  Moderator Holger Wemhoff trifft prominente Klassik-Stars und spricht mit ihnen zur Bedeutung von Klassik.
- Ganz anders geht das Hotel Buchungsportal „HRS" vor. Diese erstellen keinen eigenen Podcast, sondern eine Liste mit Podcasts und Hörbüchern. Einmal zum Thema „Smalltalk" und eine rund um das Thema „Wartezeit überbrücken". Beides klassische Situationen von Geschäftsreisenden. Ein gutes Beispiel für einen Mehrwert und eine strategische Analyse.

Fazit

5

Audio, egal ob als Podcast oder Sprachassistent, wird in Zukunft zunehmend an Relevanz gewinnen und bietet damit viele Chancen für die Unternehmenskommunikation. Ob ein Podcast als Teil des Kommunikation- oder Marketingmix für Ihr Unternehmen infrage kommt, müssen Sie nach gründlicher Überlegung selbst entscheiden. Dieses *essential* hilft Ihnen dabei, Für und Wider abzuwägen und zeigt Trends auf. Ein guter, erfolgreicher Podcast beruht auf einem strategischen Konzept. Dieses verlangt viel Arbeit – die sich jedoch langfristig auszahlen wird. „Fünf Schritte zum erfolgreichen Podcast" sollen Ihnen helfen, den strategischen Angang für Ihren Podcast zu vereinfachen und Ihnen Ihre individuelle Arbeit durch einen strukturierten, nachvollziehbaren Leitfaden erleichtern. Sie lernen in einzelnen Schritten zu denken und zu verstehen, dass es auf Relevanz beim Hörer ankommt!

Sie sind nun in der Lage einen Podcast zu entwickeln und zu realisieren, der auf Ihre individuellen Ziele einzahlt, Ihre Marke und Ihr Unternehmen bestmöglich zum „Klingen" bringt. In diesem Sinne wünsche ich Ihnen viel Freude bei der Konzeption und Umsetzung Ihres Podcasts und vor allen Dingen „gutes Gelingen"!

© Springer Fachmedien Wiesbaden GmbH, ein Teil von Springer Nature 2019   37
S. Schreyer, *Podcasts in der Unternehmenskommunikation,* essentials,
https://doi.org/10.1007/978-3-658-25704-0_5

Was Sie aus diesem *essential* mitnehmen können

- Eine Anleitung, wie Sie praktisch, strategisch-konzeptionell ein Podcast-Konzept erstellen.
- Die Fähigkeit, realistisch einschätzen zu können, was Audio leisten kann.
- Das Wissen, ob Audio für Ihr Unternehmen ein geeigneter Kommunikationskanal ist.
- Die Fähigkeit, die zukünftige Relevanz von Audio beurteilen zu können.

© Springer Fachmedien Wiesbaden GmbH, ein Teil von Springer Nature 2019

S. Schreyer, *Podcasts in der Unternehmenskommunikation*, essentials,

https://doi.org/10.1007/978-3-658-25704-0

Literatur

ARD-Werbung SALES & SERVICES GmbH. 2018. Spot on podcast 1+2. https://www.ard-werbung.de/spotonpodcast/. Zugegriffen: 1. Dez. 2018.

Audible GmbH. 2018a. Audible Hörkompass 2018. Berlin. Pressemitteilung vom 5.10.2018.

Bitkom – Bundesverband Informationswirtschaft, Telekommunikation und neue Medien e.V. 2018a. Jeder fünfte hört Podcasts. https://www.bitkom.org/Presse/Presseinformation/Jeder-Fuenfte-hoert-Podcasts.html. Zugegriffen: 10. Aug.2018.

eMarketer. 2016. What do podcast listeners do after hearing an add? https://www.emarketer.com/Article/What-Do-Podcast-Listeners-Do-After-Hearing-Ad/1014499. Zugegriffen: 23. Jan. 2019.

OMR Podcast #126. 2018. Mit Audible-Chef Nils Rauterberg. https://soundcloud.com/omrpodcast/omr-126-audible-nils-rauterberg. Zugegriffen: 7. Febr. 2019.

Zum Weiterlesen

ARD/ZDF Onlinestudie. 2018. http://www.ard-zdf-onlinestudie.de/. Zugegriffen: 1. Dez.2018.

Audible GmbH. 2018b. Call-for-Paper-Podcasts: Konzeptvorlage. https://assets.ctfassets.net/ugyut9kc6x58/1ySxyuq0c4SciMuU684Gee/6a45d0af572ffe076a632090497c0a64/Audible_Original_Podcasts_Konzeptpapier_Vorlage.pdf. Zugegriffen: 31. Jan. 2019.

Bitkom – Bundesverband Informationswirtschaft,Telekommunikation und neue Medien e.V. 2018b. Smartphone-Markt: Konjunktur und Trends. https://www.bitkom.org/sites/default/files/file/import/Bitkom-Pressekonferenz-Smartphone-Markt-22-02-2018-Praesentation-final.pdf. Zugegriffen: 23. Jan. 2019.

Bundesverband Digitale Wirtschaft (BVDW) e. V. 2018c. KPI-Finder im Content Marketing. https://kpi-finder.com/. Zugegriffen: 12. Dez. 2018.

Deloitte GmbH. 2018. Media consumer survey 2018 https://www2.deloitte.com/de/de/pages/technology-media-and-telecommunications/articles/media-consumer-survey-2018.html. Zugegriffen: 10. Dez. 2018.

© Springer Fachmedien Wiesbaden GmbH, ein Teil von Springer Nature 2019   41
S. Schreyer, *Podcasts in der Unternehmenskommunikation*, essentials,
https://doi.org/10.1007/978-3-658-25704-0

Eck, Klaus. 2019. 6 Content Marketing Trends für das Jahr 2019. https://pr-blogger.de/2019/01/16/content-marketing-trends-2019/. Zugegriffen: 23. Jan. 2019.

Ematinger, Reinhard, und Schulze Sandra. 2018. *Produkte und Services vom Kunden aus denken*. Wiesbaden: Springer Gabler.

Erxleben, Christian. 2018. Podcasts im Jahr 2019: Ein Interview über KPIs, Erfolgsfaktoren und Vermarktung. https://www.basicthinking.de/blog/2018/12/28/podcasts-tipps-aufbau-vermarktung/. Zugegriffen: 23.Jan. 2019.

Farner Consulting AG. 2018. Wie Voice first das Marketing nachhaltig verändert. https://www.farner.ch/voicefirst. Zugegriffen: 11. Dez. 2018.

Hansen, Renée, und Bernoully Stephanie. 2013. *Konzeptionspraxis*. Frankfurt a. M.: Frankfurter Allgemeine Buch.

Hielscher, Matze. 2017. Weshalb Marken in Podcasts investieren sollten. https://www.wuv.de/marketing/weshalb_marken_in_podcasts_investieren_sollten. Zugegriffen: 29. Nov. 2018.

KEEN COMMUNICATION. 2017. Podcasts: Das Content Format der Zukunft. https://keen-communication.com/podcasts-content-format-der-zukunft/. Zugegriffen: 12. Nov. 2018.

Komando, Kim. 2019. Know your audience – It´s more than demographics. https://podcast-businessjournal.com/know-your-podcast-audience-its-more-than-demographics/?platform=hootsuite. Zugegriffen: 31. Jan. 2019.

Krüger, Marc. 2018. Warum Googles neue App mehr ist als ein Podcast Programm. https://www.t-online.de/digital/id_83976056/warum-googles-neue-app-mehr-ist-als-ein-podcast-programm.html. Zugegriffen: 12. Nov. 2018.

Landau Media GmbH und Co. KG. 2017. Warum Podcasts keine Zeitverschwendung sind. https://medienrot.de/warum-podcasts-keine-zeitverschwendung-sind/. Zugegriffen: 12. Dez. 2018.

Landau Media GmbH und Co. KG. 2017. Corporate Podcasts – Wie man die Wissensvermittlung angehen kann. https://medienrot.de/corporate-podcasts-wie-man-die-wissens-vermittlung-angehen-kann/. Zugegriffen: 12. Dez. 2018.

Link, Christine. 2018. Wird Audio zum neuen Leitmedium?. https://www.wuv.de/medien/wird_audio_zum_neuen_leitmedium?utm_source=newsletter-redaktion&utm_campaign=mai-ling&utm_medium=teaserheadline. Zugegriffen: 4. Dez. 2018.

Lohmeyer, Karsten. 2018. Growth Hacking. Hoffnung ist kein Plan!. https://www.lead-digital.de/growth-hacking-hoffnung-ist-kein-plan/. Zugegriffen: 12. Dez. 2018.

Luyten, Siri. 2018. Erfolgsfaktoren von Corporate Podcasts in der Unternehmenskommunikation. Bern. Bachelorthesis an der Berner Fachhochschule & Institut für Multimedia Production.

Media Perspektiven. 09/2017. Audiowelten im Wachstum: Zur Radio-, Audio- und Streamingnutzung im Internet. https://www.ard-werbung.de/fileadmin/user_upload/media-perspektiven/pdf/2017/0917_Schroeter.pdf.

Müller, Christian. 2017. Podcast und Audio. Großes Potenzial für die Unternehmenskommunikation. https://www.zielbar.de/magazin/podcast-audio-vorteile-unternehmen-16085/. Zugegriffen: 9. Dez. 2018.

Müller, Sandra. 2014. *Radio machen*. Konstanz: UVK.

Ostermann, Marc. 2018. Themen für Corporate Blogs finden. https://www.zielbar.de/magazin/themen-finden-corporate-blog-12542/. Zugegriffen: 13. Dez. 2018.

PODSTARS, ramp 106 GmbH. 2018. Podcast Studie 2018. https://www.podstars.de/podcaststudie2018/. Zugegriffen: 26. Aug. 2018.

Preger, Sven. 2019. *Geschichten erzählen, Storytelling für Radio und Podcast.* Wiesbaden: Springer VS.

PricewaterhouseCoopers GmbH. 2018. German Entertainment and Media Outlook 2017–2021. https://www.pwc.de/de/technologie-medien-und-telekommunikation/gemo-2018.pdf. Zugegriffen: 3. Nov. 2018.

Runge, Vanessa. 2017. Podcast Marketing-Warum sich der Hype nicht nur für Hörer lohnt. https://www.crowdmedia.de/podcast-marketing-warum-sich-der-hype-nicht-nur-fuer-die-hoerer-lohnt/. Zugegriffen: 12. Dez. 2018.

Schwegler, Petra. 2018. So rasant entwickelt sich Messenger Marketing. https://www.wuv.de/digital/so_rasant_entwickelt_sich_messenger_marketing?utm_source=newsletter-redaktion&utm_campaign=mai-ling&utm_medium=teaserheadline. Zugegriffen: 11. Dez. 2018.

Siefke, Andreas. 2018. Das sind die 9 Content Marketing Trends 2019. https://www.wuv.de/digital/das_sind_die_9_content_marketing_trends_2019. Zugegriffen: 23. Jan. 2019.

SPLENDID RESEARCH GmbH. 2018. Trendmedium Podcast. https://www.splendid-research.com/de/studie-podcasts.html. Zugegriffen: 12. Dez. 2018.

Stegherr, Mirjam. 2018. Earned vs. Owned Media, Hauptsache Pressearbeit? https://www.pressesprecher.com/nachrichten/earned-media-owned-media-hauptsache-pressearbeit-310323514?utm_source=www.pressesprecher.com_newsletter&utm_medium=email&utm_campaign=20181206-szene-ps-16308&utm_content=173382. Zugegriffen: 6. Dez. 2018.

Stoll, Ingo. 2017. Corporate Podcasts. Vom neuen Erfolg des Nischenmediums. https://t3n.de/news/corporate-podcasts-neuen-erfolg-844970/. Zugegriffen: 11. Dez. 2018.

Stöger, Roman. 2017. *Toolbox Digitalisierung.* Stuttgart: Schäfer Poeschel.

Szymoniak, Rob. 2018. Podcasts: Mehrwert für Alexa und Co. https://www.podcastmania.de/blog/podcasts-mehrwert-fur-alexa-co. Zugegriffen: 23. Jan. 2019.

Textbroker – Sario Marketing GmbH. 2018. Die vier einfachsten Wege zu neuen Content-Ideen für Blog und Co. https://www.textbroker.de/sites/default/files/infografik_themenfindung_content-marketing.jpg. Zugegriffen: 12. Dez. 2018.

Thiele, Christian. 2013. *Interviews führen.* Konstanz: UVK.

Vassilian, Larissa. 2018. *Podcasting! Von erfahrenen Podcastern lernen.* Bonn: Rheinwerk.

Wasitschek, Astrid. 2017. Podcasts-Strategien für das Medienformat der Stunde. https://blog.trendone.com/2017/10/26/podcasts-strategien-fuer-das-medienformat-der-stunde/. Zugegriffen: 12. Dez. 2018.